句集

# 雨燕

金伴寬

시사일본어사

땅에 내리지 않는 새, 우연(雨燕)
허공에 살면서 벼랑 위에 둥지를 만든다지?
우연의 노래는 저 높은 데서 아름답다.
서울 높은 아파트에 따뜻한 집 한 채,
바깥 세상에는 참 좋은 친구들,
마음 저 깊은 데 찬 샘물 같은 시
김조웅의 인생이 길어 올린 노래는
우리 곁에서 다정하고 아름답다.

목판화가 이철수

# 序

## 洒脱、そして含羞のひと

この『雨燕』は、現在病床にある金照雄氏(キムジョウン)(俳号「佯寛(ようかん)」)の第一句集である。その頃、氏は今年三月に倒れて身体の自由を失い、ご自身での呼吸もままならない状況にある。その頃、ソウル俳句会第二十九句集が刊行された。金利恵さんと堀妙子さんが句集を携えてお見舞いに伺ったのが、この『雨燕』の萌芽である。コミュニケーションの困難な容態に衝撃を受けた利恵さんの句を朗読した音声ファイルを作った。それを御令室がお聞かせしたところ、照雄氏の表情に動きがあったという。次いで「今までの句をまとめて句集のかたちに」という企画が生まれた。氏が顧問を務める時事日本語学院にすでに打ち込まれた句のファイルがあることが分かり、相当数の習作が寄せられ、時を置かずして時事日本語社から出版が決まった。

金照雄氏は京都に生まれ育ち、大学卒業後に父祖の地に渡った。長く日本語教育に尽力し、

多くの人材を育て豊かな人間関係を築いた。俳句会の山口禮子前主宰もそのひとりである。しかし多忙な事業のせいか、照雄氏が俳句会に加わったのは二〇二三年秋のことだった。

この句集をよむ方々は「佯寛ワールド」とも言える空気を感じ取られるだろう。俳号「佯寛」は、尊敬する日本の歌人・良寛にちなみご自身でつけたものである。「佯」は辞書に「表面をいつわって振る舞う意」とある。つまり、「良寛さんを見習いたいけど、ワタシはニセモノなんだよ」という意味だろう。いかにも照雄先生らしい、照れくさそうな表情が目に浮かぶ俳号ではないか。それだけに日本文学に関する造詣は深く、著名人が最期に遺したことばを集めた書物も出版された。この句集にも古典のことばが鏤（ちりば）められている。それらを引用するだけでなく、洒落たかたちに翻案しているのが「佯寛ワールド」の真骨頂であろう。

一方で、みずみずしい感性が覗く句も散見される。何よりわれわれ俳句会メンバーは、仲の良いメンバーと「勝った」「負けた」とやりあい、「絶対最高点だと思ったのに」と悔しがる少年

5

のような伴寛さんを微笑ましく見た経験をいくつも持っている。つまり、伴寛・金照雄氏とは彼が尊敬する良寛でもあり、そのまわりで戯れている子どもたちでもあるのだ。
私はこの稿を過去形で書くことは絶対にすまいと思って筆を執った。この一冊が伴寛さんの心を奮い立たせ、快方に向かわれることを心から願ってやまない。

ソウル俳句会主宰　齊藤歩

# 目次

| | |
|---|---|
| 序　洒脱、そして含羞のひと | 4 |
| 俳句会第二十九句集より | 9 |
| 勉強会・吟行 | 17 |
| 創作ノート | 43 |
| あとがき | 86 |

俳句会第二十九句集より

信長忌粋な喪服の黒揚羽

蛍火や川辺の泥も照らしませ

夏木立張旭鎮の憩ふ邑

よく遊びよく学べ夏子供らと

而して万緑を成す葉の偉力

炎暑なり山は是山火も亦火

巧まざる面取り李朝暑気を薙ぐ

楽しきころ朝は半裸でハイタッチ

夕凪を辷(すべ)る小舟や恋恋し

地べたには降りることなし雨燕

# 勉強会・吟行

ソウル　仁寺洞・曹渓寺　（二〇二三年　九月二日）

赤とんぼ青磁の壺を掠(かす)めたり

古本もしばし我慢の残暑かな

天高し昔は昔今は今

## 丹陽一泊吟行（一日目）

（二〇二三年十月十四日）

山間の稲穂の波を渡る風

身にしむや遠き昔の置き手紙

枯葉踏む爪先前に落ちる月

## 丹陽一泊吟行(二日目)

(二〇二三年　十月十五日)

お隣りも秋の夜長の途切れ声

閉ぢた眼のまつ毛を揺らす律の風

しばらくは秋を並べる市場かな

勉強会

浮世など知らんぷりして山眠る

玄関の気を引き締める寒椿

（二〇二三年　十一月十八日）

## 勉強会

山眠る色即是空いびきかき

(二〇二三年　十二月十五日)

## 勉強会

春眠やアンビュランスも音のどか

雛の日は雅の風を身に纏(まと)ひ

（二〇二四年　三月十六日）

正読図書館・サムソン美術館予定地

（二〇二四年　五月十八日）

黒揚羽あぢな喪服で光琳忌

お日様は飲み放題の夏野原

龍山歴史博物館

（二〇二四年　六月十五日）

しばらくは過去も未来も梅雨籠

竜山の記憶広げる日傘かな

言の葉の届かぬ昔夏にをり

## 仁寺洞界隈

（二〇二四年　七月六日）

胸元に送る風妬く団扇かな

幽かなり蓮開く音暁に

梅雨晴間ひと息入れて開く句会

**勉強会**

行く夏や占ふほどの恋もせず

夕凪を辷(すべ)る小舟に火照る頬

（二〇二四年　八月二十四日）

武渓園

秋の空安平大君夢潜る
　　　　アン　ピョン　デ　グン　　　くぐ

（二〇二四年　九月七日）

勉強会

秋の野を両の手腰にペダル踏む

大気圏出ればあべこべ良夜かな

（二〇二四年　九月二十一日）

**勉強会**

（二〇二四年　十月五日）

秋たわわドンドンヒャララ遊ばせむ

蟋蟀の鳴くや紛れて太平洋

しのぶ恋寄り添ふ肩に眉の月

# 鉄原一泊吟行（一日目）

（二〇二四年　十月十九日）

秋桜は戯れずたた戦ぐのみ

渓谷の溶溶たる淵龍潜む

水澄みて居住まひ正す四方の山

初紅葉銀河(ウナス)水の谷に風荒ぶ

枯葉舞ふ会つたんだつけあと一度

## 鉄原一泊吟行（二日目）

（二〇二四年　十月二十日）

月も来てせせらぎ聞くや旅の宿

なごり陽をいかにとやせん秋の蝶

朝の陽に霧のごと消ゆ夢路の句

国立中央博物館

柿実る生命(いのち)が柿の形して

耀(かがや)くや事切れたまま枯尾花

庭燃えて色変へぬ松影寂し

(二〇二四年 十一月二日)

## 勉強会

秋時雨駅に迎への赤い傘

冬近しちぐはぐの山ちぐはぐの色

風邪に伏せ甦る母匙の粥

（二〇二四年　十一月十六日）

韓国銀行貨幣金融博物館

暦見て深呼吸する師走かな

冬将軍熱いこの句をまずどうぞ

（二〇二四年　十二月七日）

勉強会　（二〇二四年　十二月二十一日）

霜柱踏む音のしてバス止まる

竜宮は鯛や平目の煤払ひ

身を灼きし恋今はるか天狼(シリウス)へ

## 初句会

(二〇二五年　一月四日)

丹頂は赤白黒の黄金比

一休の出初めは髑髏高々と

韓国イスラム教ソウル中央聖院 （二〇二五年 一月一八日）

コート脱ぐ灼熱宿すメッカ向き

ミフラーブ冬、のモスクにひっそりと

## 島山公園、新沙洞カロスキル

（二〇二五年　二月一日）

春近し草木も空も力みなし

道半ば斃れし志士と春を待つ

冬陽射す島山の像に一礼す

勉強会

春めくや素っ頓狂な欠伸声

春浅しミニスカの娘ら首竦め

（二〇二五年　二月十五日）

創作ノート

春

# 三月

子供部屋ヒヤシンスやらインコやら

慕情なほ沈丁花咲く別れ路

雛の段皆弁へて雅なり

東風よ吹け汚れちまつた眼に股に

春浅しミニスカの娘ら背丸め

春めくや耳も乳首もストレッチ

チャルダッシュ緩急に乗り青き踏む

骸見て歯抜けのチビら雛(ひよこ)埋め

菜の花や幼き頃のクレヨン画

友の逝く花待たずして道告げずして

とりあへず来てみた海で春一夜（ひとよ）

連翹（ケナリ）燃え見慣れし道も華やぎて

蛙這ひ陽ざしふやける池の端

春風を歩く額に汗もせず

ハイウェイを走る春の陽跳ね飛ばし

天が下新しきあり山覚める

犬ふぐりしやがみてよりは瑠璃の原

マヨルカにボンゴレパスタ春満ちる

木の芽吹く運不運はまあしやあないか

塩むすび海苔に沢庵音立てて

早春の猫はこれからいいところ

面接に目力こもる受験生

世に出むと目むとフリージアはや蕾付け

山々は佐保姫だつこしておんぶして

春の夢月の砂漠を二人して

春の山山彦に告白(こく)る君の名を

辛夷咲く里山の木木に声掛け

はち切れんばかりに桜夢に咲き

ポムネウム高麗(こま)も大和もさくら色

# 四月

腰ぬかすスタンバイして四月馬鹿

一陣の風にどよめく花吹雪

下戸たちもひと口付ける花疲れ

花篝ゆるやかに爆ぜ揺らめきぬ

やんちゃらはラップの稽古花の下

花衣桜ピンクにぬかりなし

谿上る右手の眼下を花筏

お日様を飲み放題の春野かな

春雨ぢや濡れてまいらうユーアンミー

雨あがり白艶やかに蹲踞(つつじ)咲く

朧月花催ふ雨給はらむ

残酷な四月のはずぞ笑ふな山

さうなんよ春には山も笑ふんよ

火宅へと蛇穴を出るまたしても

蜜蜂は花から花へ奥覗き

知恵詣深く広くの見える眼に

桜海老椀に漂ふ朝餉かな

春の宵人温みゆき街軋む

藤の花淫らな風と棚に揺れ

藤棚は女子も噎せる色香かな

菫咲く忘れしは恋「愛」ならず

蒲公英の絮舞ひ上がる岬向け

春の夜はホモルーベンス動がるれ

薇の歯ざはり嬉し山の膳

葉つぱまで潤んで並ぶ桜餅

祝宴に輝き放つ桜鯛

弥生富士バックミラーに神妙に

焼けるまで唾呑む子ら干鰈

うららかや狭き歩幅も気にならず

長閑なり池大雅の十便図

# 五月

鯉のぼり車窓に流れ次々と

春昼や絶叫響く遊園地

子供の日綿あめ持つ子肩に乗せ

燕の子遠慮会釈も無い喰ひ気

なんとまあてつぺんフェチの揚雲雀

竹林の根元もふもふ春陽踏む

チューリップ活けて五分で咲いた夜

春深む素つ頓狂な欠伸声

まなかひに春夕焼けて四肢伸ばす

時は今柳絮飛ぶ世となりにけり

そよそよと骨抜かれたる柳かな

凧届け大風の吹く天上へ

稚児たちも頭丸めて花御堂

慈しむ心を杓に灌仏会

壺焼の煙たなびく磯開き

長閑さと同じ速さの観覧車

交差点五月の風に若やいで

ステーキにクレソン香る快気の餐

わさび摺るキッチンに充つ大音響

駆け出して一目散に潮干狩

風光りストラヴィンスキ耳奥に

鞦韆(チュニャン)は春香漕ぐべし肝冷やすべし

春愁に寄せては返す波を抱く

銅像のくつろぎ顔に春惜しむ

行く春や旅のパンフは海だらけ

賀茂祭雅の列は遠目にも

棟方の版画に花王(ぼたん)並べ置く

根が生える跣足で地面に突っ立てば

夏めくや波間キラキラ風キラキラ

夏

# 六月

更衣(ころもがえ)南洲翁はそのままで

信長忌粋な喪服で黒揚羽

背筋立て陽射し呑み干す燕子花(かきつばた)

水かぶり声張り上げる夏来たる

虹の立つ手を差し伸べて文明に

恋すれば見える百万本の薔薇

大切な人と吹かれる初夏の風

山河失せ口づけ交はす木下闇

夏座敷浮雲ひとつ空を鋲(と)め

蛍火や川辺の泥も照らしませ

しばらくは過去も未来も梅雨籠(ごも)り

妓楼より僧坊眺む京の梅雨

梅雨明けや駅も道路も瑞瑞し

青蜥蜴荒地の石に静かなり

廃車場蜥蜴の背中点滅す

白南風にサリーの靡くビザの列

地べたには降りることなし雨燕

若葉してダム湖の淵に朝日射す

若楓鷲掴みにもしなやかで

而して万緑を成す葉の偉力

甘えんぼ子らも健やか若葉雨

篝火に浮き立つ黄泉や薪能

河鹿鳴く谷間の宿に過の恋に

跳び降りてまた跳び降りる夏めがけ

光琳に見せばや四葩毬の艶(よひらまり)

楽しきころ朝は裸でハイタッチ

山里の道路工事に風薫る

香水の擦り抜けてなほ背眩し

梔子は語らず吾も秘して去る

胸広げ南アルプス夏に聳つ

# 七月

海開き逸(はや)る心の裸たち

蝉の声岩打ち森は膨らみぬ

ハンモックマニキュアの足こぼれ落ち

川の瀬にアンクレットも煌めいて

胸元に送る風妬く団扇かな

枇杷は盛りメロンは盛らぬ備前かな

京の街見下ろす背に蝉時雨

夏深しキャミブラウスの肩黒子

雲海は頂きからも尾根からも

広ごれり衣剥ぎ取る夏の天

渋滞のサンルーフ開け蝉時雨

寝そべれば浜昼顔の甘え顔

伝統に浸（ひた）る七月京祇園

祇園会（ぎおんえ）を守り来し鉾町（ほこ）不敵（ふてき）

穢土を灼く万灯点る宵の宮

巧まざる面取り李朝暑気を薙ぐ

よく遊びよく学べ夏子供らと

炎昼を鷺易易と川面翔ぶ

日盛りに我が影濃きに道急ぐ

夏木立張旭鎮（チャンウッチン）の憩ふ邑

美しき軽・薄・短・小糸蜻蛉

睦み合ふ窓辺の薔薇と波を背に

ベットには裸のお尻海は晴れ

夏帯は土耳古石でも琥珀でも

ひきがへる夕闇見つめ吻「へ」の字

夏半ば渚駆け抜く小麦肌

術もなく花火も人も頭だけ

夏野菜しやきしやきと昼の膳

夏旺ん中身噴き出す恐れあり

アイス溶けノーブラのティーシャツに落つ

# 八月

サマーフェス昂り唸り果てるまで

行く夏や占ふほどの恋もせず

睡蓮に踞(かが)みて問ふは君の今

身を焦がし生真面目にビル夏を吐く

孫ら来て枕足蹴の夏休み

家路つく水平線は夕焼けて

雲の峰風吹き下ろせ諍ひに

暁に蓮開く音幽かなり

滝垢離に光る行者の若き肌

ゆるゆると髪掻き上げる溽暑かな

沸る血を繋ぎて此処に光復節(クァンボッチョル)

ラフティング胸撫でおろすゴール前

夕立ちは待つもの恋は走るもの

スケジュール明日もゴチャゴチャ夕涼み

夏の月ウクレレ弾く手包みをり

夕凪を辷(すべ)る小舟や恋恋し

炎暑なり山は是山火も亦火

浜までは潮の香まじる草いきれ

風死して太陽と海だけの午後

数多ある生命(いのち)の一つ蚊も人も

蔦若葉館の壁につやつやと

晩夏光波辺に長き相思の影

雷雨突くワイパーと胸高鳴らせ

連綿とシーラカンスも蝙蝠（かはほり）も

断崖を真つ逆さまに瀧刺さる

プール端海懐かしむ河童たち

夏の果て海星とかいて干涸びて

冷麦の買ひ足しやめてレジの列

マネキンの服色付くや秋隣

珈琲のホットに戻る八月尽

秋

# 九月

秋暑し解いた髪をまた束ね
かぶりつく西瓜に乳房見え隠れ
歯が笑ふ焼きもろこしの出店前
古書街もしばし我慢の残暑かな
お気に入り厚手のシャツを出す白露
至近距離声弾ませる法師蝉
赤蜻蛉青磁の壺を掠めたり
天高し昔は昔今は今
底紅です一輪挿しで化けるのは
やはらかに咲き乱れたり萩の原

秋めくやデルフト並ぶお茶の卓

秋澄むや埋まる予約のテラス席

忍ぶ恋寄り添ふ肩に月の眉

名月や並ぶものなし万古より

竹そよぎ庭いつぱいの月あかり

岸に座し独り夜半のムーンリバ

大気圏出れば月見は地球向き

我と来て遊べやそこのギースチョン

道の辺に咲くや露草青点し

病室へ水蜜桃の香を提げて

天仰ぎ地に口づけて秋を祝ぐ

月も来て谷間の湍良杵聞く湯かな

草の花名も知らぬまま振り返る

秋零るアルハンブラのトレモロに

濃紫閉ぢて竜胆雨の庭

新米でおにぎり作り決勝戦

堂々の桐一葉落つ甃の上

秋桜は戯れずただ戦ぐのみ

存へて秋の薔薇見る今朝の庭

秋晴れや足の向くまま日暮れまで

# 十月

育ちゆく森は啄木育みつ

秋たわわドンドンヒャララ踊りませ

川上へ初恋辿る秋の川

路地滑りぐんぐん迫る鬼やんま

土ありて草叢ありて虫の声

稲妻に難民のごと抱き合って

吾亦紅推しメン探してみるも良し

山峡に稲穂波打つバスツアー

しばらくは秋を並べる市場かな

あの頃は秋を秋とも二人とも

二軒目の暖簾を潜る夜寒かな

蟋蟀（こおろぎ）の鳴くや紛れてクルーズに

昼夜とも千両役者の芒かな

秋の野を両の手腰にペダル踏む

頭掻く夜食平らげ寝落ちして

鰯雲見えないものが見えてゐる

水澄みて居住ひ正す四方の山

龍淵に潜むや昇る冷気かな

白泥の刷毛目の皿に秋馴染む

洗ひませ涙で心帰雁の忌

トイレから忍者出てくるハロウィーン

秋日和アサギマダラは南洋へ

秋の蝶いかにとやせむ薄れ陽を

漣の川面に揺らぐ後の月

小鳥来て池をホールに交響す

露のごと朝の陽に消ゆ夢路の句

朝寒に上目遣ひの「ぎゆつてして」

今はただ秋草茂る党本部

漢灘江(ハンタンガン)照るや朝日に渓紅葉

秋の原ピンクミューリー泡立てて

# 十一月

文化の日林武の黒囲ひ

秋の夜は記憶の海へ島々へ

のけぞりて星空見上ぐ秋の浜

柿実る生命が柿の形して

訪ね来し亡き母の里柿の里

蔦紅葉見事に纏ふ煉瓦塀(れんがべい)

金縛り炎え立つ赤に錦木に

染まるほど身を立て名を上ぐ紅葉かな

竜田姫野でも山でも握手責め

山燃えて色変へぬ松影寂し

紅葉かつ散る会つたんだつけあと一度

道見えず芒の原に風荒さぶ

耀くや事切れたまま枯尾花

銀杏散るあたり一面黄に染めて

秋深し鼠志野買ふ陶器市

見に沁むや遠き昔の置手紙

この秋も再びは無し我も亦

破れ寺静物画のごと月光に

現れて縞栗鼠吾に興味なし

秋しぐれ駅に迎への赤い傘

大輪の犇き合ひて菊花展

秋晴るる蹴る打つ返す河川敷

とても今それどころでは秋の虹

足湯して土踏まず置く草露に

ネオン街店それぞれの夜長かな

凹む気を鵲啼きて一喝す

晩秋をガウラは小花散りばめて

冬近しちぐはぐの山ちぐはぐの色

あな嬉しタルタルソースでカキフライ

熊手持つ人波分けて酉の市

冬

# 十二月

浮かぬ日はまた良し冬の曇り空

玄関を一輪で仕切る寒椿

枯芙蓉痩せて枯れても種で見せ

しばらくは冬将軍の手中かな

紅の顔見合はせる冬茜

陽だまりに毛糸編む娘ら含羞みて

瞠る目に昔の笑顔冬ぬくし

小春日や蠅も勇んで屋外へ

着ぶくれていたずらつ子の弱り顔

風邪に伏せ甦る粥母の匙

売春宿カトレア胸にロートレック

帰れないあの冬あの夜(よる)シャガールとも

小夜時雨花も絵もない居酒屋で

身を灼きし恋瞬くや天狼(シリウス)に

寒落暉鉄橋跨ぐ蕊ひろげ

一夜明け山ことごとく雪化粧

雪舞ふや南天の紅庭を統ぶ

雪の片降りては消ゆる池の面

太古より我ら待つなり冬銀河

鷹の爪命を攫(さら)ひ命継ぐ

霜柱踏む音のしてバス止まる

宿の湯は檜の舟に柚子浮かべ

暦見て深呼吸する師走かな

歳忘れ忘れたはずの歌を聞く

ファンファーレ響け有馬の大舞台

聖誕樹巫女も着替へてハイチーズ

竜宮は鯛や平目の煤(すす)払ひ

これ以上外へは出るまじ年用意

案の定支離滅裂に年暮るる

小晦日(こつごもり)これより先は口閉ぢて

# 新年

あれやこれ光に屠る初日の出

初比叡宗旨に違ひあらうとも

此処彼処寿ぎ祈る飾して

教はりて継ぎ来し今日の雑煮かな

へん顔も太刀打ちできぬ福笑ひ

初夢は親吾子死に孫の死ぬ

一休の出初めは髑髏高々と

また少し空なるものへ去年今年

洗ひたて肌着の袂や初暦

初句会さらさらさらと詠めるよに

一月

氷点下水仙色香失はず

大けやき枯木となりて天に和す

さにあらず冬ざれの橋谷繋ぐ

荒寺に西方睨める寒鴉

凩に平然と廃墟微睡みぬ

醜さも美しく雪街覆ふ

ビルの街鷹旋回す夜明け前

毛布引くまだ消えやらぬ温もりに

牡丹雪扉の外は別世界

雪原に放してみたき銀狐

別れ来て歩み進まぬ冬の坂

難破船何代目かの鮫と遇ふ

フランクのシンフォニー流る風花に

ミナレット冬将軍と並び立つ

ミフラーブ冬のモスクにひつそりと

息潜め見るプライバシー鶴の群

丹頂は赤白黒の黄金比

絨毯で飛んでみせると泣く子かな

類なき国宝宗廟(チョンミョ)雪に映え

# 二月

豆撒かずチョコ撒くギャルの鬼やらひ

スノー穿きスキーを積んで句は忘れ

深雪中尾灯連なる上下線

雪晴れてゲレンデの朝清々し

ごろ寝してジタバタせぬぞ良寛忌

下手上手の粉青沙器(プンチョンサギ)に寒緩む

ソプラノに冬ひび割れる魔笛の宵

冬の月君と暮らした街を過ぐ

独り来て凍月(いてづき)眺む道の駅

月冴へて民秀(ミンス)や美希(ミヒ)の窓照らす

六花舞ふ仰ぐ空より逝きし友

冬の底ムンクの叫び鎮まらず

真夜中に真冬の闇を呑んでみる

裸木は浮世の垢も削げ落ちて

気配して宿坊に覚む冬安居

空縮み土凍て付きて我が句刺す

手のひらの蜜柑軽やかジャズに乗る

星冴へて連なる嶺を睥睨(へいげい)す

鮟鱇(あんこう)も億のセル持つ千代の魚

待ちあぐね悴(かじか)む背にいきなりワッ

澄まし顔ネイルに並ぶ雪兎

蓋取るやおでんの湯気に踊る声

枯蓮ええカッコせずあるがまま

里山の梢たゆたふ雪解光

その中に殊に大きな氷柱落つ

足伸ばすランチタイムや春隣

春まぢか草木も空も力みなし

スミノフの瓶底叩く余寒哉

苔むしていよいよ極む梅の白

春一番ワッフル掌から滑り落ち

## あとがき

良寛さんの辞世のような俳句「裏を見せ表を見せて散る紅葉」を最高峰と思っているため、AIには脅威を感じない。但し、期待はあって、それはAIが批評家として結社が乱立する俳句界と俳句の歴史を整理してくれること。そして、世界の自然や行事が詠めるように歳時記を改編してくれることを望みたい。

俳句は写生と言われるが、体の目でしか見ない写生は洒落た絵か写真に過ぎない。心にも眼があること、真善美が見える眼があることを良寛ら先達たちの俳句は教えてくれている。はたして、AIは心の眼を持つことができるだろうか。

「鰯雲　見えないものが　見えている」

俳句は、ちっぽけで途轍もないものに思えてならない。

『ソウル俳句会 第二十九句集』(二千二十五年 三月発行)

ショートエッセイより

- セル

  세포

- 雪解光(ゆきげこう)

  봄이 되어 눈이 녹아 빛이 이상 굴절을 일으켜 생기는 신기루. 그 시기의 계절어

- スミノフ

  스미노프(보드카의 한 종류)

## 註釈

- 丹頂
  두루미(새)

## 二月

- ギャル
  10대 여성 중에 화려한 패션과 화장을 좋아하고 개성적인 스타일에 관심이 많고 노는 것을 좋아하는 사람을 가리킨다.

- 良寛忌(りょうかんき)
  「良寛(료칸 1758-1831)」은 승려이자 하이쿠 시인으로, 전국을 돌아다니면서 불도에 정진하며 검소한 생활과 알기 쉬운 설법으로 서민 중에 큰 영향력을 발휘했다. 음력 1월6일이 기일이다.

- 道の駅(みちのえき)
  국도나 일반 도로변에 있는 휴게소

- 六花(りっか)
  눈의 결정체

- 冬安居(ふゆあんご)
  불교에서 겨울철에 90일간 불당에 박혀 수행하는 일. 계절어

- 鮟鱇(あんこう)
  아구(물고기)

- 福笑ひ(ふくわらい)
  일본에서 설날에 노는 전통놀이로, 눈을 가린 채 얼굴의 윤곽만 그린 종이에 눈, 코, 입 등을 붙이며 이상하게 생긴 얼굴에 웃고 복을 기원하는 '복 웃음 놀이'

- 一休(いっきゅう) 1394 ~ 1481
  선종의 승려이자 시인이었던 사람. 많은 하이쿠 작품을 남겼으며 <잇큐 해골>이라는 설화집을 썼다고 한다.

## 一月

- 冬ざれ(ふゆざれ)
  초목이 시들어 버린 쓸쓸한 겨울의 정경을 나타내는 계절어

- 凩(こがらし)
  늦가을부터 초겨울에 걸쳐 부는 건조하고 찬바람. 계절어

- フランク シンフォニー
  프랑크 심포니. 세자르 프랑크(1822~1890)가 작곡한 D단조 교향곡

- 風花(かざはな)
  겨울의 맑은 날에 바람과 함께 꽃잎처럼 내리는 눈. 계절어

- ミナレット
  이슬람교 사원에 있는 예배를 알리는 시설

### 註釈

- 天狼(しりうす)

  시리우스(별 이름), 계절어

- 寒落暉(かんらっき)

  겨울의 저녁노을. 여름에 비해 눈부실 정도로 밝고 몸과 마음이 다잡히는 느낌이 들며 일몰 뒤에 급격하게 추워질 것을 예감하게 한다.

- 有馬(ありま)

  1956년 이래로 매년 12월에 치바현 나카야마 경마장에서 개최되는 일본 최대의 경마 행사로, 우승한 말에 대한 상금은 5억 엔이라고 한다. 대회 이름인 <아리마 기념>은 일본중앙경마회 2대 이사장이었던 아리마요리치카에서 따온 것이다.

- 竜宮(りゅうぐう)

  '수궁가'와 비슷한 옛날 이야기로 바다에 있는 용궁. 도미와 광어가 대청소를 한다는 묘사

- 小晦日(こつごもり)

  섣달 그믐날의 전날.

## 新年

- 初比叡(はつひえい)

  히에이잔이란 교토와 시가현의 경계지점에 있는 산이며 산 안에 있는 엔랴크지가 불교 성지로 유명하다. 일본에서는 새해에 신사나 절에 가서 1년의 무사를 기원하는 습관이 있고 그 해 처음으로 히에이잔에 참배 가는 것을「初比叡」라고 한다.

- 鼠志野(ねずみしの)

    옛날 미노지방(현재의 기후현에 해당)에서 1500년대에 생산된 백색 유약을 써서 만든 도자기를 <시노야키>라고 하며, 그 중 성형한 후에 철흙을 입힌 후 긁어 내리며 문양을 그리고 나서 백색 유약을 입힌 것을 <네즈미 시노>라고 부른다.

- 縞栗鼠(しまりす)

    다람쥐

- ガウラ

    초여름부터 늦가을에 걸쳐 장기간 계속 피는 꽃으로 흰색 꽃이 핀다. 야마모모소(하쿠초소)라고도 부른다.

- 酉の市(とりのいち)

    해마다 11월에 장사 번성을 기원하는 뜻으로 열리는 장터. 행운을 부르는 장식물 등이 판매된다.

# 十二月

- 枯芙蓉(かれふよう)

    부용꽃이 시들고 난 후에 가지 끝에 털로 싸인 구형의 열매를 맺는 모습. 이 겨울의 황량한 분위기를 느끼게 하기 때문에 겨울의 계절어로 사용된다.

- 小夜時雨(さよしぐれ)

    어둠 속에 눈에 잘 보이지 않게 내리는 겨울 밤의 비

> 註釈

- アサギマダラ
  일본에 전국적으로 많이 분포하는 나비의 종류

- いかにとやせむ
  비운의 영주 아사노 다쿠미노카미의 절명시의 한 구절
  (＜일본인이 죽는 법 (김조웅 저, 시사일본어사)＞ 참조)

- 後の月(のちのつき)　※十三夜の月라고도 함
  음력 9월13일 밤의 달. 추석 후에 다시 한번 달을 감상하는 날.
  계절어

- ピンクミューリー
  핑크뮬리그라스. 솜사탕과 같은 꽃을 피우는 관상용 식물


## 十一月

- 文化の日(ぶんかのひ)
  11월 3일 문화의 날로 공휴일이다. 각지에서 문화 행사가 실시된다.

- 林武(はやしたけし) 1896 ～ 1975
  유채화가로, 원색을 많이 사용하며 물감을 쌓아 올린 것 같은 화법이 특징이다. 굵고 검은 윤곽선(구로가코이)으로 그림 전체가 스테인드글라스에 박힌 듯한 인상을 연출한다.

- 竜田姫(たつたひめ)
  가을과 단풍을 다스리는 여신

- 湍良杵(せらぎ)
  개울, 시냇물

- 竜胆(りんどう)
  용담

- 秋桜(こすもす)
  코스모스(꽃)

## 十月

- 啄木(きつつき)
  딱따구리

- 鬼やんま(おにやんま)
  장수잠자리

- 吾亦紅(われもこう)
  오이풀

- 推しメン(おしめん)
  가장 좋아하는 사람 (최애)

- 帰雁の忌(きがんのき)
  소설가 미즈카미 쓰토무의 기일인 9월 8일에 행해지는 추모제

> 註釈

- 河童(かっぱ)
  강에 살며 등에 거북이처럼 등딱지가 있고 손발에는 물갈퀴가 달려 있는 상상 속 동물. 어린이와 잘 놀고 인간에게 장난질 때도 있다고 한다.

- 海星(ひとで)
  불가사리

- 冷麦(ひやむぎ)
  주로 여름에 차갑게 먹는 소면과 같은 냉국수

# 九月

- 西瓜(すいか)
  수박

- 底紅(そこべに)
  무궁화꽃

- デルフト
  네덜란드의 전통 도자기

- ギースチョン
  베짱이. 에도시대의 하이쿠 작가 고바야시 잇사의 명작 <我と来て遊べや親のないすずめ 나에게 와라 함께 놀자 부모 잃은 참새야>를 연상시키는 작품

- 蟬時雨(せみしぐれ)

  사방에서 요란하게 울어대는 매미 소리. 계절어

- アンクレット

  발목에 차는 액세서리

- 枇杷(びわ)

  비파(과일)

- 祇園会(ぎおんえ)

  일본 3대 축제 중 하나. 매년 7월 한 달 내내 실시되며 각 마을에서 준비한 장식 수레가 장관이다. 일반적으로는 「祇園祭(ぎおんまつり)」라는 이름으로 알려져 있다.

## 八月

- サマーフェス

  서머 페스티벌. 여름을 즐기는 이벤트

- 滝垢離(たきごり)

  폭포 밑에 서서 물을 전신에 맞는 수행 중 하나. 몸을 깨끗이 하고 정신을 집중시키는 효과가 있다.

- 晩夏光(ばんかこう)

  한여름보다 약해진 늦여름의 햇살. 계절어

> 註釈

- 白南風(しらはえ)
  장마 시기에 부는 바람. 계절어

- 薪能(たきぎのう)
  장작불을 피우고 야외에서 공연하는 전통 가면극

- 河鹿(かじか)
  개구리. 계절어

- 四葩(よひら)
  수국

- 梔子(くちなし)
  치자나무. 계절어

- 南アルプス
  나가노 야마나시 시즈오카 현에 걸쳐 이어지는 산맥으로 남북 120km 사이에 3,000m 정도의 산이 14개나 있는 일본 유수의 산악 지대이다.

## 七月

- 備前(びぜん)
  오카야마 현 동남부를 가리키는 옛 지명. 여기서는 그 지역에서 생산되는 도자기를 가리킨다.

- 跣足(せんそく)
  
  맨발

- 潮干狩(しおひがり)
  
  갯벌 조개잡이

- 棟方(むなかた)
  
  일본의 판화가인 무나카타 시코(棟方志功 1903~1975). 하이쿠의 거장으로 알려진 '마쓰오 바쇼'의 기행문 <오쿠노 호소미찌(奥の細道)>를 주제로 한 작품 <판화 오쿠노 호소미찌>등이 유명하다.

- 花王(ぼたん)
  
  모란꽃

- 賀茂祭(かもまつり) (葵祭 あおいまつり라고도 함)
  
  교토 3대 축제 중 하나로 가미카모 신사와 시모카모 신사가 합동으로 진행하는 축제로, 5월의 풍물시이기도 하다. 화려한 궁중 의상이나 말 타고 활쏘기 등 흥미로운 내용으로 헤이안 시대(8세기말~12세기말)의 황실의 신사 참배 모습을 재현한다.

## 六月

- 燕子花(かきつばた)
  
  붓꽃, 연자화

- 木下闇(こしたやみ)
  
  무성한 나무 밑에 어둠. 계절어

> 註釈

- 池大雅(いけのたいが) 1723 ~ 1776
  중국의 고사와 명소 등을 주로 주제로 하는 중국풍의 병풍 그림을 잘 그렸던 화가로, 중국화뿐만 아니라 일본 중세의 그림과 서양의 미술 등도 받아들여 독자적인 화풍을 확립한 화가로 알려져 있다.

- 十便図(じゅうべんず)
  이케노 다이가의 작품 중 하나인 <十便十宜図>로 속세를 떠난 문인의 생활을 그려낸 것으로, 당시 문인들의 이상 세계가 그려져 있다.

## 五月

- 鯉のぼり(こいのぼり)
  어린이날 무렵에 아이의 건강과 성장을 빌며 가족이 화목하게 지내는 것을 기원하는 전통 장식물로 잉어 모양의 천을 게양하는 행사

- 柳絮(りゅうじょ)
  솜털같이 생긴 버드나무의 열매. 계절어

- まなかひ
  '눈앞'의 옛말

- 花御堂(はなみどう)
  석가탄신일에 석가상을 안치하는 작은 사당

- 灌仏会(かんぶつえ)
  부처님 오신 날의 불교 행사

## 四月

- 花篝(はなかがり)
  봄의 분위기를 연출하기 위해 벚꽃 나무 밑에서 피우는 모닥불

- 花筏(はないかだ)
  낙화해 강에 떨어진 벚꽃잎이 뗏목처럼 강을 흘러가는 모습

- 躑躅(つつじ)
  철쭉꽃

- 火宅(かたく)
  수심이 많은 이 세상

- 知恵詣(ちえまいり)
  13세가 된 아이가 복과 지혜를 받기 위해 신사와 절에 참배하러 가는 행사. 교토 사가지역 등에서 많이 행해진다.

- 蒲公英(たんぽぽ)
  민들레꽃

- 薇(ぜんまい)
  고사리

- 干鰈(ほしがれい)
  가자미를 말린 것. 계절어

> 註釈

- 蟋蟀(こおろぎ)
  귀뚜라미

- 髑髏(どくろ)
  원래 해골을 가리키는 말이지만 잇큐 스님이 <잇큐 해골>이라는 설화집을 써서 인생 무상을 표현했다는 이야기가 전해지고 있다.

- ミフラーブ
  이슬람교 사원 등에 설치된 시설로 메카의 방향을 가리키는 것이다.


■ 創作ノート

## 三月

- チャルダッシュ
  차르다시. 헝가리의 민속 춤곡으로 '선술집'을 의미하는 말에서 유래된 이름이다.

- 犬ふぐり(いぬふぐり)
  봄풀꽃. 베로니카 폴리타

- 佐保姫(さほひめ)
  봄을 관장하는 여신. 봄안개는 '사호 공주'가 만든다고 함.

- ポムネウム
  봄 내음

註釈

# ■ 俳句会第二十九句集より

・ 信長忌(のぶながき)

일본의 전국 통일의 패권을 다투었던 전국 시대(1467~1615)에 활약했던 무장으로, 천하 통일을 앞에 두고 부하의 배신으로 살해됐다. 매년 기일인 6월 2일에 교토 시내 사찰에서 추모 행사가 열린다.

・ 面取り(めんとり)

도자기의 기둥이나 가구, 도자기 등의 각진 부분을 깎아서 완만한 곡선으로 만드는 과정을 말한다.

・ ハイタッチ

하이 터치

# ■ 勉強会・吟行

・ 律の風(りちのかぜ)

「律」는 가야금, 거문고와 유사한 일본 현악기 '고토(琴)'의 음조로 가을의 정서를 느끼게 하기 때문에 가을의 계절어

・ 光琳忌(こうりんき)

17세기에 활약했던 화가로, 병풍이나 장식 그림 등의 작품을 남겼다. 화려하고 높은 수준의 예술 활동을 기리는 예술인들이 모여서 매년 음력 6월 2일에 진행하는 추모 행사이다. 늦여름의 계절어

・ 梅雨籠(つゆごもり)

장마철에 외출을 피해 집에만 틀어박히는 것으로 계절어 중 하나

저자 약력

김조웅(俳号 金伴寬)

1949년 일본 교토시 출생

[학력]
1972년 3월 오사카 외국어대학교 조선어학과 졸업
1976년 3월 연세대학교 문과대학원 국어국문학과 수료

[경력]
1975년 ~ 1988년   연세대학교 외국어학당 일본어과 주임
1981년 ~ 1990년   인하공업전문대학 항공운항과 조교수
1991년 ~ 2014년   ㈜시사일본어학원 원장 / ㈜시사일본어사 전무
2007년 ~ 2016년   '한일축제한마당' 운영 부위원장
2013년 ~ 현재     한국일어교육학회 이사 / 시사아카데미 고문

[저서]
2002년  와카루 일본어 (시사일본어사)
2004년  더 베스트 일본어 회화 (시사일본어사)
2004년  퀴즈 재팬 (카피바라북스)
2013년  동경 발음 일주일에 끝내기 (시사일본어사)
2024년  일본인이 죽는 법 (시사일본어사)

[수상]
2006년 제7회 일한문화교류기금상 수상

## 句集 雨燕

| | |
|---|---|
| 초판 인쇄 | 2025년 6월 30일 |
| 초판 발행 | 2025년 7월 10일 |
| | |
| 저자 | 김조웅(俳号 金伴寛) |
| 감수 | 金利惠, 齊藤歩, 文茶影, 황미옥 |
| 편집 | 무라야마 토시오, 조은형, 김성은, 오은정 |
| 펴낸이 | 엄태상 |
| 디자인 | 이건화 |
| 표지 그림 | 이철수 |
| 조판 | 이건화 |
| 콘텐츠 제작 | 김선웅, 장형진 |
| 마케팅 | 이승욱, 노원준, 조성민, 이선민 |
| 경영기획 | 조성근, 최성훈, 김로은, 최수진, 오희연 |
| 물류 | 정종진, 윤덕현, 신승진, 구윤주 |
| | |
| 펴낸곳 | 시사일본어사(시사북스) |
| 주소 | 서울시 종로구 자하문로 300 시사빌딩 |
| 주문 및 교재 문의 | 1588-1582 |
| 팩스 | 0502-989-9592 |
| 홈페이지 | www.sisabooks.com |
| 이메일 | book_japanese@sisadream.com |
| 등록일자 | 1977년 12월 24일 |
| 등록번호 | 제300-2014-31호 |

ISBN 978-89-402-9449-9 (03830)

* 이 책의 내용을 사전 허가 없이 전재하거나 복제할 경우 법적인 제재를 받게 됨을 알려 드립니다.
* 잘못된 책은 구입하신 서점에서 교환해 드립니다.
* 정가는 표지에 표시되어 있습니다.